ENGEL

50 HIMMLISCHE BEGEGNUNGEN

ANSELM GRÜN

ENGEL

50 HIMMLISCHE BEGEGNUNGEN

HERDER
FREIBURG · BASEL · WIEN

DIE FASZINATIO

N DER ENGEL

Seit mehreren Jahren üben Engel eine neue Faszination auf die Menschen aus. Zahlreiche Bücher über Engel sind erschienen. Besonders in den Wochen vor Weihnachten sind viele Schaufenster mit Engeln dekoriert.
Auch in der christlichen Theologie ist das erkennbar. Jahrelang waren die Engel vernachlässigt. Doch dann entstand auf einmal geradezu eine Bewegung, die die Engel in den Mittelpunkt rückte. Dabei spielt die Bibel eine zentrale Rolle, denn an vielen Stellen erzählt sie von Engeln. Kurz und doch besonders eindringlich ist die Geschichte in 1. Mose 21,17-19, nach der Gott einen Engel in die Wüste zu Hagar sendet, um ihre Augen zu öffnen, damit sie den Brunnen des Lebens sieht, der ganz in ihrer Nähe liegt.
Die Engel der Bibel zeigen uns einen menschenfreundlichen Gott, einen Gott, der den Menschen nicht allein lässt, der seine Engel zu ihm sendet, um ihn aus seiner Not zu retten, um ihn zu stärken und um ihn auf seinen Wegen zu begleiten. Gott kümmert sich um die Menschen. Und er sendet seine Engel, damit die Menschen seine Hilfe wahrnehmen und erfahren können.
Wir können der Bibel vertrauen und dankbar die Engel betrachten, die Gott uns schickt, damit wir nicht allein sind mit den Schwierigkeiten, die uns das Leben zumutet. Die Engel zeigen uns die heilende und rettende Nähe Gottes.

ENGEL ALS

BOTEN

»Angelos« heißt der Bote, den Gott zu uns schickt, wenn er uns einen Weg zeigen oder wenn er uns aus einer Gefahr erretten möchte. Dieser Bote richtet uns ein Wort Gottes aus, mit dem er uns aufrichten und ermutigen möchte.
Einen von einem König ausgesandten Boten können wir sehen, selbst wenn der König fern ist. Ebenso können wir den Engel als Boten Gottes auch dann wahrnehmen, wenn Gott uns ferne erscheint. Manchmal ist der Bote ein Mensch, der im richtigen Augenblick uns die Augen öffnet für das, was jetzt gerade wichtig ist. Vielleicht erreicht uns der Bote Gottes auch durch einen inneren Impuls, in einem Buch, das wir gerade lesen, in einem Wort, das uns gerade trifft. Das ist ein Grund, warum die Engel Menschen so faszinieren. In den Engeln tritt Gott in unseren irdischen Bereich ein; sie nehmen etwas an von unserem Diesseits. Sie gehören zu Gott und zugleich zu uns.

SCHUTZENGEL

Jesus spricht davon, dass die Engel der Kleinen im Himmel stets das Angesicht Gottes sehen (Matthäus 18,10). Von diesem Wort Jesu her haben die Kirchenväter die Lehre entwickelt, dass jeder Mensch mit seiner Geburt einen Schutzengel bekommt, der ihn sein ganzes Leben lang begleitet – durch alle Umwege und Irrwege hindurch. Schützend hält er seine Arme über uns, die wir manchmal unbedacht wie Kinder unseren Weg gehen. Das ist ein tröstliches Bild.
Wenn wir einen Unfall unverletzt überstehen, wenn wir einem Unglück entgehen, hat uns ein Schutzengel vor der Gefahr bewahrt. Doch Menschen werden auch aus dem Leben gerissen. Wo war ihr Schutzengel, fragen wir uns dann. Schutzengel bewahren uns nicht vor jeder Krankheit und nicht vor jedem Unglück. Sie schützen aber den inneren Bereich in uns, unser wahres Selbst. Dieses innere Heiligtum wird von einem Engel beschützt. Dort haben auch Krankheiten und der Tod keinen Zutritt. Unser Innerstes bleibt bewahrt.

ENGEL
IN ANDEREN RELIGIONEN

Alle Religionen kennen Engel. Der Buddhismus weiß um eine ganze Schar von Schutzgöttern und dienenden Geistern. Die griechische Religiosität kennt Zwischenwesen; sie tragen den Namen »angelos«. Die Göttin Athene hat geflügelte Dienerinnen um sich. Ihnen gleichen die Engeldarstellungen in der christlichen Kunst. Der Ursprung der Engelvorstellung liegt wohl im Iran. Von dort her ist das Judentum, das Christentum und auch der Islam beeinflusst. Diese drei Religionen betonen die Geschöpflichkeit der Engel – Engel sind geschaffene geistige Wesen. Der gemeinsame Glaube, dass der unsichtbare Gott uns nahe kommt in seinen Engeln, verbindet die Menschen aller Religionen. Über diese uns allen gemeinsamen Glaubenserfahrungen können wir miteinander ins Gespräch kommen. Und vielleicht dürfen wir die Engel bitten, zum Frieden zwischen allen Religionen beizutragen.

ENGEL I

M GEBET

Im Buch Tobit sagt der Engel Rafael von sich: »Ich bin Rafael, einer von den sieben heiligen Engeln, die das Gebet der Heiligen emportragen und mit ihm vor die Majestät des heiligen Gottes treten« (Tobit 12,15). Dieses biblische Wort wurde vor allem in der Engelslehre der byzantinischen Kirche aufgegriffen. Sie meint: Es gibt kein Gebet ohne Engel. Die Gläubigen beten gemeinsam mit den Engeln zu Gott. Und die Engel tragen unser Gebet vor Gott.

Die Engel schenken uns Vertrauen, dass unser Gebet nicht umsonst ist, dass es vielmehr bei Gott ankommt. So wie ein Brief dem König durch den Boten überbracht wird, so wird unser Gebet durch den Engel zu Gott getragen.

Viele Darstellungen zeigen Engel im Gebet. Dadurch sagen die Engel den Beschauern: »Ich trage auch dein Gebet vor Gott. Und dann wird es heller in deinem Leben, dann öffnet sich über dir der Himmel.«

ENGEL IN DER *Kunst*

In der Kunst sind Engel ein beliebtes Thema. In den mittelalterlichen Buchmalereien ist vor allem der Weihnachtsengel wunderbar dargestellt. Fra Angelico, der selbst den Namen des Engels trägt, hat wunderbare Engel gemalt, die sich durch besondere Schönheit und Zärtlichkeit auszeichnen. In ihnen wird für uns etwas vom Glanz Gottes erfahrbar.

Viele Barockkirchen sind voll von Putten, von Kinderengeln, die den Menschen das Gefühl von Leichtigkeit vermitteln. Im 20. Jahrhundert haben Maler wie Paul Klee und Marc Chagall das Thema Engel neu aufgegriffen. Im Bild des Engels können sie den Einbruch der Transzendenz in unsere Welt darstellen. Ihre Bilder lassen erahnen: Unsere Welt ist nicht in sich verschlossen. Es gibt Engel, die sie öffnen auf Gott hin.

ENGEL IN DER

Seit jeher haben Künstler die Engel auch musizierend dargestellt. Sie zeigen Engel, die auf Instrumenten spielen oder im Chor singen. Zahlreiche Komponisten haben Engellieder komponiert. Besonders bekannt ist das berühmte Abendlied über die 14 Engel in Engelbert Humperdincks Oper »Hänsel und Gretel«:

Abends wenn ich schlafen geh,
vierzehn Engel um mich stehn:
zwei zu meiner Rechten,
zwei zu meiner Linken,
zwei zu meinen Häupten,
zwei zu meinen Füßen,
zwei, die mich decken,
zwei, die mich wecken,
zwei, die mich führen
ins himmlische Paradies.

Besonders anrührend ist das Doppelquartett »Denn er hat seinen Engeln befohlen über dir«, das Felix Mendelssohn Bartholdy für sein Oratorium »Elias« komponiert hat. Diese Komposition ist Musik gewordene Gotteserfahrung. In diesem Engelsquartett können wir das Getragensein durch die Engel spüren, die uns behüten auf allen unseren Wegen. Es ist eine englische Musik, so wie der Engel auf dem Bild sie uns vorspielt.

MUSIK

ENGEL IN DE

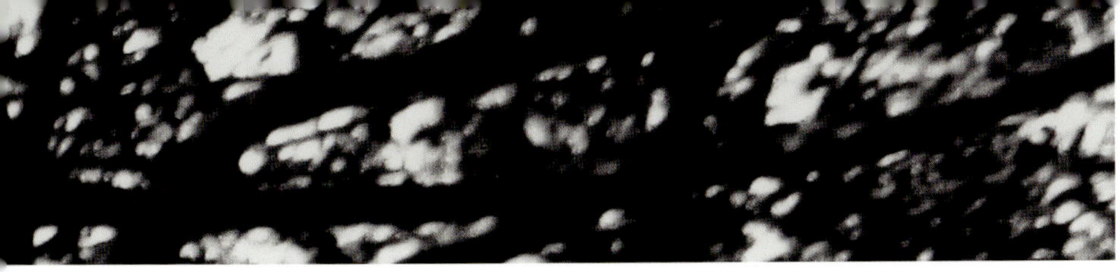

R LITERATUR

Die Literatur ist voll von Engeln. Im 20. Jahrhundert waren es vor allem drei Frauen, die sich in ihrer Lyrik immer wieder mit Engeln befasst haben: Else Lasker-Schüler kreist in ihren Gedichten oft um das Thema Engel. In manchen ihrer Gedichte ist der Engel kein perfektes Wesen, kenntlich etwa an einem gebrochenen Flügel.
Rose Ausländer setzt den Engel mit Hell und Dunkel in Verbindung: »Der Engel in dir freut sich über dein Licht, weint über deine Finsternis.«
Auch Nelly Sachs, die andere große jüdische Dichterin des 20. Jahrhunderts, kommt immer wieder auf das Bild des Engels zurück. Immer neue Namen für die Engel findet sie: »Tränenverspätete«, »Goldgräber in den Schmerzgebirgen«, »Blumen aus dem Blätterwerk Mensch«. Doch manchmal haben sich die Engel aus unserem Leben entfernt. Dann sind wir wund und unsere Sehnsucht muss viele Martermeilen »zurück zu eurem Segensraum durcheilen«.
Engel bilden einen Segensraum, nach dem wir uns alle sehnen.

ENGEL IN MENSCHEN-GESTALT

Wie oft sagen wir zu jemandem: »Du bist ein Engel für mich.« Jeder Mensch kann für den andern zum Engel werden. Wir können uns nicht selbst zu einem Engel für andere erklären, sondern nur manchmal dankbar wahrnehmen, dass Gott uns in einem Menschen einen Engel geschickt hat und dass auch wir anderen manchmal zu einem Engel werden konnten.
Immer dann, wenn wir unserem inneren Impuls folgen und dem, der gerade vor uns in Not ist, beistehen, werden wir für ihn zum Engel. Tröstlich an dieser Vorstellung: Auch Menschen, die nicht perfekt sind, können für andere zum Engel werden, wenn sie einfach anpacken, wenn der Augenblick es von ihnen verlangt.

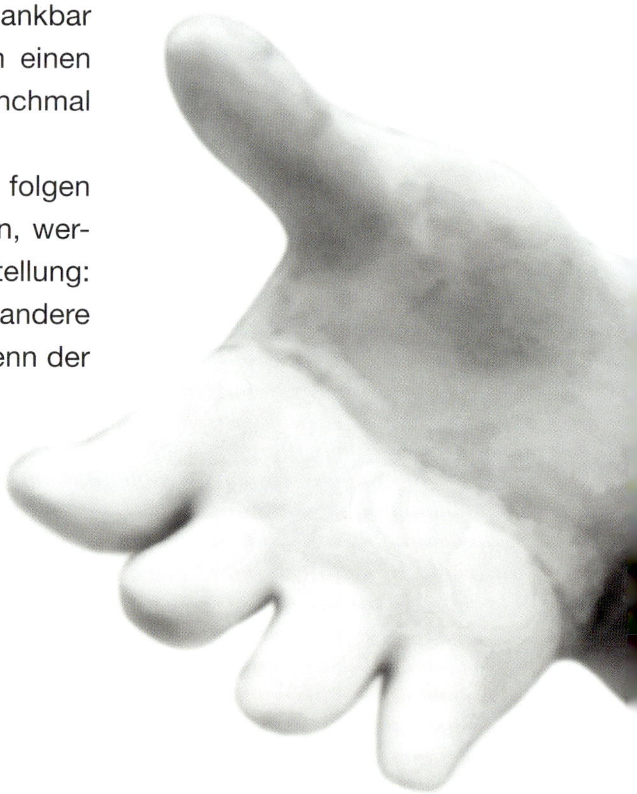

In der spirituellen Tradition sind Engel immer auch Begleiter. Am bekanntesten als Wegbegleiter ist der Engel Rafael. Wenn wir im Kloster einem Mitbruder, der auf Reisen geht, einen Reisesegen spenden, dann singen wir, dass der Engel Rafael ihn begleiten, ihn gut ans Ziel und sicher wieder nach Hause geleiten möge.

Das biblische Buch Tobit erzählt davon, wie der Engel Rafael den jungen Tobias auf seinem Weg begleitet. Er schützt ihn vor Gefahren und bringt ihn sicher wieder nach Hause (Tobit 5).

Wie Tobias sehnen auch wir uns nach einem Engel, der uns begleitet. Besonders Menschen mit geringem Selbstvertrauen sind für Engel empfänglich. Wenn sie sich vorstellen, dass ein Engel sie begleitet, dann fühlen

ENGEL

ALS BEGLEITER

PATE
ISFE
LICE
TVM

DER ENGEL, DER MICH AUSHÄLT

Ein zehnjähriges Mädchen fragte mich einmal, ob der Engel sie wirklich nicht verlässt. Ich antwortete: »Er bleibt immer bei dir.« »Aber auch wenn ich böse bin?«, wollte das Mädchen wissen. Ich erwiderte: »Ja, er hält dich aus.« Das Mädchen war getröstet.

Offensichtlich hatte es andere Botschaften von Eltern und Geschwistern gehört: »Du bist unmöglich. Mit dir kann es keiner aushalten.« Da war der Glaube an den Engel, der es aushält, wichtig.

Auch wenn die andern es mit einem Menschen nicht aushalten, ja auch wenn dieser Mensch sich selbst nicht aushält – der Engel hält ihn aus. Der Engel steht zu ihm. Er weicht nicht von ihm. Er hat Geduld. Dieses Gefühl gibt dem Menschen Vertrauen, dass er nicht so verkehrt ist, wie andere oder er selbst meinen. Der Engel, der den Menschen aushält, gibt ihm Selbstvertrauen und Würde.

DER ENGEL

DES TROSTES

Trauernde Menschen fühlen sich oft isoliert. Sie haben das Gefühl, den Boden unter den Füßen zu verlieren, sie spüren keine Kraft in sich. Das Fundament, auf dem sie stehen, bröckelt. Sie haben Angst, in einem Sumpf von chaotischen Gefühlen zu versinken. Sie sehnen sich nach echtem Trost, nicht nach vertröstenden Worten.

Trost zu geben bedeutet Festigkeit und den Mut, stehen zu bleiben und die Tränen und die Verzweiflung des andern auszuhalten. Wenn wir beim Trauernden stehen bleiben und seine Verzweiflung nicht mit frommen Worten zudecken, sondern sie aushalten, dann werden wir für ihn zum Engel des Trostes. Wenn uns in unserer Trauer jemand einfach nur die Hand hält und uns zeigt, dass er zu uns hält, dann erleben wir ihn als den Engel, den Gott uns gerade in diesem Augenblick geschickt hat.

DER ENGEL

Wenn jemand mir von seiner Krankheit schreibt, dann antworte ich ihm oft: »Ich wünsche Ihnen den Engel der Heilung als guten Begleiter.«
Der Engel der Heilung gibt keine Garantie, dass ein Kranker sofort wieder gesund wird. Aber er vermittelt die Hoffnung, dass der Kranke nicht allein gelassen ist mit seiner Krankheit. Der Engel der Heilung ist bei ihm. Er lenkt die Hand des Arztes und lässt die Medikamente wirksam werden, sodass der Kranke gesund werden kann. Manchmal begegnet uns der Engel der Heilung in einem Arzt, in einem Freund, der uns besucht, oder in einer Krankenschwester. Er steht hinter all den Menschen, die sich um uns sorgen. Er ist in ihnen und neben ihnen und begleitet uns. Er sorgt dafür, dass wir wieder ganz gesund werden oder dass wir in der Krankheit gestärkt werden und dass unser wahres Selbst darunter nicht leidet. Er schaut auf uns in unserer Krankheit, so wie sich Engel in vielen Darstellungen uns liebend zuwenden.

DER HEILUNG

DER TOD

Die Tradition kennt auch den Todesengel.
Dieser Engel konfrontiert uns mit dem Tod. Im Judentum
klagt der Strafengel an und er kann auch den Tod bringen. Doch der
Engel ist im Judentum auch der, der die Seelen der Verstorbenen ins Paradies
geleitet. Jesus hat diese Vorstellung übernommen, wenn er vom armen Lazarus sagt,
dass Engel ihn nach seinem Tod in den Schoß Abrahams getragen haben (Lukas 16,22).
Wenn wir einen Mitbruder beerdigen, singen wir den Hymnus »In paradisum deducant te angeli.«
Das bedeutet: »In das Paradies mögen dich die Engel geleiten.« Weiter heißt es in dem Hymnus:
»Chorus angelorum te suscipiat.« »Der Chor der Engel möge dich empfangen.« Das ist ein trostvolles
Bild. Kein Mensch stirbt allein. In der Todesstunde trägt der Engel uns über die Schwelle des
Todes in die Arme des liebenden Gottes. Und der Chor der Engel empfängt uns mit Liedern

ESENGEL

FRIEDHOFS

E N G E L

Auf Friedhöfen sind viele Gräber mit Engeln geschmückt. Auf manchen Friedhöfen stehen große Engelstatuen auch abseits der Gräber. Große Friedhofsengel wollen den Beschauern sagen: Die Leiber der Menschen liegen hier in den Gräbern. Aber ein Engel hat ihre Seelen längst zu Gott getragen.

Und die Friedhofsengel erinnern an die Auferstehungsengel, von denen uns die Bibel erzählt. Die Engel am Grab deuten den Frauen das Geschehen von Tod und Auferstehung. Jesus ist nicht tot. Daher sollen sie den Lebenden nicht bei den Toten suchen (Lukas 24,5). Genauso sollen wir nicht nur auf die Vergangenheit schauen, sondern die Verstorbenen als innere Begleiter verstehen, als Engel, die uns vom Himmel aus begleiten.

FRIEDENS ENGEL

Der Friedensengel hält den Friedenszweig über Menschen, die im Konflikt miteinander sind. Und er hält den Siegeskranz über dem, der voller Zweifel da sitzt und nachdenkt. Er hält seine Arme weit ausgebreitet, damit die verschiedenen Seiten unter seinen Armen zum Frieden kommen. Das griechische Wort für Frieden »eirene« kommt aus der Musik. Es bedeutet, dass alle Töne in uns zusammenklingen, die hohen und die tiefen, die hellen und die dunklen. Manchmal haben wir den Eindruck, dass in uns Missklang herrscht. Und dieser Missklang breitet sich auch auf unsere Umgebung aus. Wenn der Friedensengel alle Töne in uns miteinander in Einklang bringt, dann kann auch Einklang gegenüber den Menschen entstehen, denen wir begegnen, dann können wir auch mit ihnen zusammenklingen. Der Friedensengel will uns sagen: Es ist keine Utopie, dass dieser Friede entsteht. Der Friedensengel breitet seine Arme auch über uns aus und hält alles zusammen, was auseinanderdriften möchte.

BRÜCKEN

ENGEL

Häufig werden Engel auf Brücken dargestellt. Eine Brücke zu überqueren war zu früheren Zeiten oft nicht ungefährlich. Der Engel auf einer Brücke steht dafür, dass er sicher über die Brücke zum andern Ufer geleitet. Brücken haben jedoch auch eine symbolische Bedeutung. Durch eine Brücke können die abgrundtiefen Differenzen zwischen Menschen überbrückt werden, sodass sie wieder einen Weg zueinander finden. Gebaute Brücken erinnern uns daran, dass es unsere Aufgabe ist, Beziehungsbrücken zu bauen zwischen den verschiedenen Menschen, zwischen Völkern und Kulturen.

Und die Brücke ist von jeher ein Bild für die Verbindung zwischen Erde und Himmel. Der Engel auf der Engelsbrücke in Rom etwa strahlt Sicherheit aus. Er wird uns nicht nur über die Brücke zum andern Ufer des Tiber leiten, sondern auch über die Brücke, die uns zum ewigen Paradies führt.

Eine Frau leidet darunter, dass sie immer noch nicht die wahre Liebe gefunden hat. All ihre bisherigen Beziehungen sind in die Brüche gegangen. Jetzt fühlt sie sich wertlos. Keiner liebt sie so, wie sie ist. Immer geht etwas schief mit der Liebe. Der Engel der Liebe löst nicht alle ihre Probleme. Aber er umfängt sie mit Liebe, so wie es Chagall dargestellt hat: Der Engel umarmt die Frau liebevoll. Er zeigt ihr, dass auch in ihr Liebe ist. Auf dem Grund ihrer Seele strömt auch in ihr eine Quelle der Liebe. Und diese Quelle der Liebe, die immer aufsprudelt, wenn sie sich verliebt, kann ihr niemand nehmen. Auch wenn die Liebe, die sie spürt, nicht erwidert wird, so bleibt diese Liebe doch in ihr.
Der Engel der Liebe wacht darüber, dass die Quelle der Liebe nie versiegt. Wenn wir den Engel der Liebe darum bitten, bei uns zu bleiben, dann dürfen wir hoffen, dass diese Liebe, die in uns ist, auch irgendwann von einem Menschen erwidert wird. Und selbst wenn sie nicht erwidert wird, sagt uns der Engel der Liebe: »Du bist liebesfähig. In dir ist Liebe. Und diese Liebe kann dir niemand nehmen.«

ENGEL DER *Liebe*

ENGEL IN

DER BIBEL

Der Engel Gabriel verkündet dem Zacharias (Lukas 1,5-25) und dem Mädchen Maria (Lukas 1,26-38) jeweils die Geburt eines besonderen Kindes. Zacharias zweifelt an der Botschaft des Engels. Zur Strafe muss er für neun Monate verstummen. Alle seine Vorurteile und seine Bedenken, dass seine alte und unfruchtbare Frau doch kein Kind mehr bekommen kann, und alle seine rationalen Zweifel müssen verstummen, damit er offen wird für das Handeln Gottes.
Maria dagegen vertraut der Botschaft des Engels. Sie fragt nur danach, wie das alles geschehen soll. Auf die Erklärung des Engels, wie sie das Kind empfangen wird, antwortet sie: »Ich bin die Magd des Herrn; mir geschehe, wie du es gesagt hast« (Lukas 1,38).
Gabriel ist der Verkündigungsengel, der auch in unser Leben tritt. In dem Bild Fra Angelicos mit dem Engel, der zu Maria kommt, beugt sich der Engel vor Maria. Er traut ihr und er traut ihr etwas zu. Das gilt auch für uns. Der Engel traut uns und er traut uns zu, dass in uns Neues geboren wird, auch wenn wir noch nicht wissen, wie das Neue in uns entstehen kann.

DER ENGEL

GABRIEL

DER ENGEL MICHAEL

Der Name Michael bedeutet: Wer ist wie Gott. Michael ist der Erzengel, der gegen den Drachen kämpft und ihn besiegt. Deshalb wird der Erzengel immer angerufen, wenn Menschen wie die Frau im Buch der Offenbarung von feindlichen Mächten verfolgt werden (Offenbarung 12,1-12).
Michael gilt als Beschützer der Menschen. So wird er etwa in Deutschland als himmlischer Schutzpatron des Landes angesehen. Seinen Schutz schenkt Michael auch als Begleiter der Seelen in Gottes Herrlichkeit. Im Mittelalter galt er auch als Pestengel, der die bedrohliche Seuche eindämmte.
Michael ist der Schützer, der Schutzengel, den Gott uns zur Seite stellt. Mit ihm an unserer Seite sind wir den Gefahren dieser Welt nicht schutzlos ausgeliefert. Denn Michael kämpft für uns. Er drückt den nieder, der uns angreifen und gefährden will. Aber Michael stellt uns durch seinen Namen auch die Frage: Wer ist wie Gott? Dieser Frage können wir nicht ausweichen. Sie zwingt uns nachzudenken, ob wir statt Gott einem Götzen folgen. Michael fordert uns heraus, dem wahren Gott zu dienen.

DER ENGEL

RAFAEL

Rafael ist der Engel, der uns auf unseren Reisen begleitet (Tobit 4-5). Das biblische Buch Tobit zeigt uns Rafael aber auch als den Engel, der Beziehungen heilen kann. Rafael heilt die Beziehung zwischen Mann und Frau. So zeigt er dem jungen Tobias, wie er seine Frau Sara so lieben kann, dass er nicht wie seine Vorgänger stirbt (Tobit 6,12-23). Das Gebet reinigt die Liebe zwischen Mann und Frau und befreit sie von allen Nebenabsichten. Und Rafael heilt die Beziehung zwischen Vater und Sohn. Er weist den Sohn an, die Galle eines Fisches aufzubewahren. Bei der Begegnung schüttet Tobit dem blinden Vater die Galle in die Augen. Da wird der Vater wieder sehend (Tobit 11,12-17). Jetzt sieht er den Sohn, wie er wirklich ist. Vorher hat er in ihm nur das Bild gesehen, das er sich selbst von ihm gemacht hatte. Die neue Sicht ermöglicht eine neue Beziehung zwischen Vater und Sohn. So können sie sich liebevoll umarmen.

DER ENGEL,
DER ELIJA AUFRICHTET

In der Bibel wird erzählt, wie der Prophet Elija die Baalspriester besiegt hat. Doch als ihn die Königin Isebel verfolgt, überfällt ihn Angst und er flieht in die Wüste. Erschöpft legt er sich unter einen Ginsterstrauch und am liebsten möchte er sterben. Er ist tief enttäuscht über sich selbst und erkennt: »Ich bin nicht besser als meine Väter« (1. Könige 19,4). Doch da kommt ein Engel und stößt ihn an. Er soll aufstehen und essen und trinken. Elija befolgt die Aufforderung, steht auf, isst und trinkt. Ermattet legt er sich wieder hin, um weiterzuschlafen. Doch der Engel kommt ein zweites Mal und weckt ihn wieder auf: »Steh auf und iss! Sonst ist der Weg zu weit für dich« (1. Könige 19,7). Der Engel hat Geduld mit Elija.
Das gibt auch uns die Hoffnung, dass unser Engel mit uns Geduld hat. Er richtet uns auf, wenn wir müde geworden sind. Und wenn wir immer wieder müde werden, ist der Engel doch bereit, uns wieder und wieder aufzurichten.

Der Engel,

DER UNS DEN BRUNNEN DES LEBENS ZEIGT

Auf Wunsch seiner Frau Sara vertreibt Abraham seine Magd Hagar mit ihrem Sohn Ismael. Er gibt Hagar einen Wasserschlauch und Brot mit auf den Weg. Doch bald schon ist der Vorrat aufgebraucht und in der Wüste findet sie kein Wasser. Verzweifelt wirft sie ihr Kind unter einen Strauch, denn sie kann nicht mitansehen, wie ihr Sohn stirbt. Doch Gott hört das Schreien des Kindes und schickt ihr einen Engel. Er öffnet ihr die Augen und sie erkennt neben sich einen Brunnen (1. Mose 21,9-21).
Diese biblische Geschichte schenkt uns die Hoffnung, dass auch zu uns ein Engel kommt, wenn wir in der Wüste umherirren, wenn wir nicht mehr weiterwissen und keine Kraft mehr zum Leben haben. Und die Geschichte möchte uns die Augen öffnen für den Engel, der uns als Kind an einen Brunnen geführt hat, wenn alles um uns herum wie Wüste aussah. Jedes Kind kennt einen Ort, an dem es geschützt ist. Es ist der Engel, der es dorthin führt.

Balak, der König von Moab, sendet Boten zum Seher Bileam, auf dass er das Volk Israel verfluche. Dafür verspricht er ihm viel Geld. Bileam setzt sich auf seinen Esel und macht sich auf den Weg zu Balak. Doch dreimal stellt sich ihm ein Engel mit einem Schwert in den Weg, um ihn aufzuhalten. Der große Seher Bileam sieht den Engel nicht. Doch sein Esel erkennt ihn und weigert sich weiterzugehen. Da schlägt Bileam auf den Esel ein. Beim dritten Mal erhebt der Esel seine Stimme und spricht zu Bileam. Und jetzt endlich sieht auch Bileam den Engel. Und der Engel sagt zu ihm: »Ich bin dir feindlich in den Weg getreten, weil mir der Weg, den du gehst, zu abschüssig ist« (4. Mose 22,32).
Manchmal stellt sich auch uns ein Engel in den Weg, um uns abzuhalten von einem Weg, von dem wir glauben, dass er uns zum Erfolg führt, der in Wirklichkeit aber zu abschüssig ist. Engel wollen uns vor Wegen bewahren, die in die Irre führen.

DER ENGEL, DER SICH BILEAM IN

DEN WEG STELLT

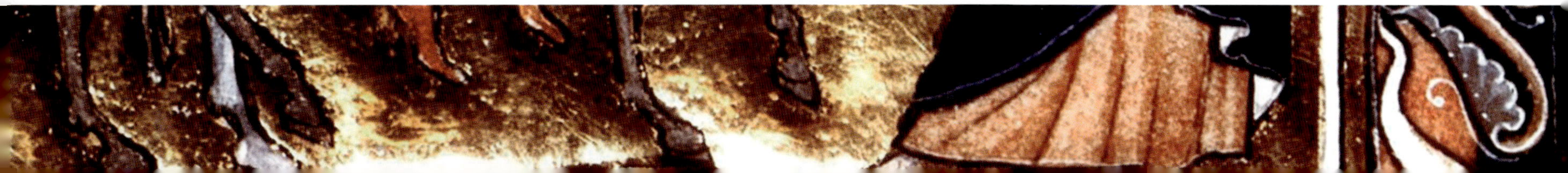

DER ENGEL, D
DER LÖWENGR

Auf Betreiben neidischer Beamter des Königs Darius wird Daniel in die Löwengrube geworfen. Der König liebt Daniel, doch kann er ihn nicht vor seinen eigenen Gesetzen retten. Am nächsten Morgen begibt sich der König zur Löwengrube und ruft Daniel. Daniel antwortet ihm: »Mein Gott hat seinen Engel gesandt und den Rachen der Löwen verschlossen. Sie taten mir nichts zuleide« (Daniel 6,23).

Wir dürfen darauf vertrauen, dass der Engel des Herrn auch uns vor den Löwen bewahrt, vor aggressiven Menschen, die uns am liebsten zerreißen möchten.Wenn wir inmitten von uns feindlich gesonnenen Menschen sind, können wir uns vorstellen: Der Engel Gottes verschließt ihnen den Mund. Sie können noch so sehr schreien, ihr Schreien erreicht unser Herz nicht mehr. Denn der Engel des Herrn schützt uns vor verletzenden Worten.

ER DANIEL IN

JBE SCHÜTZT

Die Bibel erzählt uns eine eigenartige Geschichte. Jakob, der Angst hat vor seinem Bruder Esau, hat seine Frauen und Kinder und seinen Besitz über einen Fluss ans andere Ufer gebracht. Er selbst bleibt zurück. In der Nacht kämpft ein Mann gegen ihn (1. Mose 32,23-30). Es ist nicht klar, ob es Gott oder ein Engel ist.

Man könnte sagen: Jakob begegnet seinem eigenen Schatten, seiner eigenen Wahrheit. In der Darstellung Rembrandts umarmt der Engel Jakob liebevoll. Er bringt ihm gleichsam auf schonende Weise bei, das er sich seinem Schatten, den dunklen Seiten seiner Seele, stellen muss.

Und der Engel schlägt Jakob auf die Hüfte. Seitdem hinkt Jakob. Aber die verwundete Hüfte erinnert ihn immer daran, dass ein Engel ihn berührt hat. Und so wird seine Wunde für ihn zum Segen. Jetzt ist er fähig, sich mit seinem Bruder Esau auszusöhnen. Jetzt wird er zum Stammvater Israels.

Die Berührung durch einen Engel kann sanft sein, aber auch schmerzlich. Doch auch aus einer solch schmerzhaften Begegnung kann Gutes erwachsen.

DER ENGEL, DER MIT JAKOB KÄMPFT

ENGEL IN DEN PSALMEN

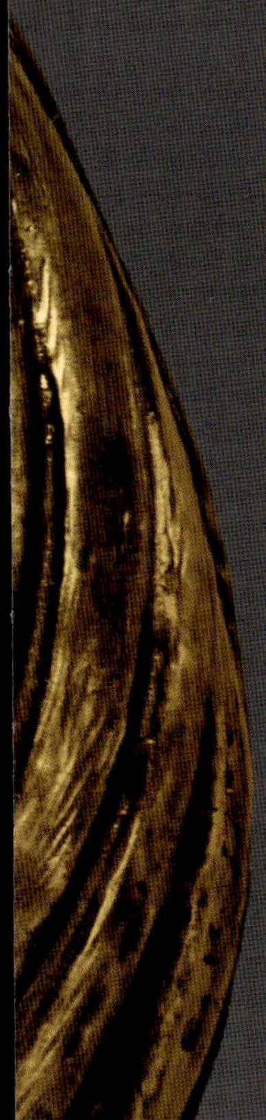

Die Psalmen sprechen öfter von den Engeln. So heißt es in Psalm 34,8: »Der Engel des Herrn umschirmt alle, die ihn fürchten und ehren, und er befreit sie.« Sanft umschirmt uns der Engel mit seinen Flügeln. Aber der Engel hat auch Kraft. Er vertreibt die, die uns nach dem Leben trachten (Psalm 35,5-6).

Wenn wir ängstlich in die Zukunft schauen, dann trösten uns die wunderbaren Verse: »Er befiehlt seinen Engeln, dich zu behüten auf all deinen Wegen. Sie tragen dich auf ihren Händen, damit dein Fuß nicht an einen Stein stößt; du schreitest über Löwen und Nattern, trittst auf Löwen und Drachen« (Psalm 91,11-13). Unser Weg mag oft steinig und voller Gefahren sein. Schlangen wollen uns mit ihren Bissen vergiften. Doch der Engel Gottes beschützt uns. Nichts kann uns schaden. Er hebt uns gleichsam empor, sodass wir nicht anstoßen können an die Steine, die uns im Weg liegen.

DER ENGEL, DER

Viermal erscheint Josef im Traum ein Engel. Er berührt ihn und flüstert ihm Worte ein. Der Engel deutet dem Josef das, was er nicht verstehen kann. Josefs Verlobte ist schwanger, doch nicht von ihm und so möchte er sie heimlich entlassen. Doch der Engel erklärt ihm, was geschehen ist. Und der Engel befiehlt ihm, Maria als seine Frau zu sich zu nehmen. Josef steht auf und tut, was der Engel ihm gesagt hat (Matthäus 1,20-25).
Zum zweiten Mal erscheint der Engel dem Josef, als Herodes das Kind verfolgt. Er befiehlt ihm, mit Maria und dem Kind nach Ägypten zu fliehen. Dort erscheint der Engel Josef noch zweimal und befiehlt ihm, zurückzukehren.
Engel deuten uns im Traum die Wirklichkeit unseres Lebens. Aber sie können uns auch einen Auftrag erteilen. Wir sollen tun, was der Engel von uns verlangt. Dann dürfen wir vertrauen, dass unser Weg zum Segen wird für uns und für andere Menschen.

JOSEF ERSCHEINT

DER WEIHNACHTS-ENGEL, DER DEN HIRTEN ERSCHEINT

Den Hirten, die auf dem Feld Nachtwache halten, erscheint der Engel des Herrn: »Und der Glanz des Herrn umstrahlte sie. Sie fürchteten sich sehr« (Lukas 2,9). Der Engel verbreitet sein strahlendes Licht. Viele Künstler haben den Weihnachtsengel deshalb oft groß und schön dargestellt, als Engel, der etwas vom Glanz Gottes ausstrahlt.

Die Hirten erschrecken vor diesem Glanz. Doch der Engel fordert sie auf: »Fürchtet euch nicht, denn ich verkünde euch eine große Freude, die dem ganzen Volk zuteil werden soll: Heute ist euch in der Stadt Davids der Retter geboren; er ist der Messias, der Herr« (Lukas 2,10-11).

Es ist eine wunderbare Botschaft. In diesem Kind in der Krippe erscheint uns der, der unsere Wunden heilt, der Messias, der uns befreit von allen inneren und äußeren Zwängen. Und in ihm erscheint uns der Herr. Wenn Christus der Herr in unserem Inneren ist, dann werden wir nicht mehr beherrscht von unseren Bedürfnissen oder von den Erwartungen der Menschen. Dann sind wir wahrhaft frei.

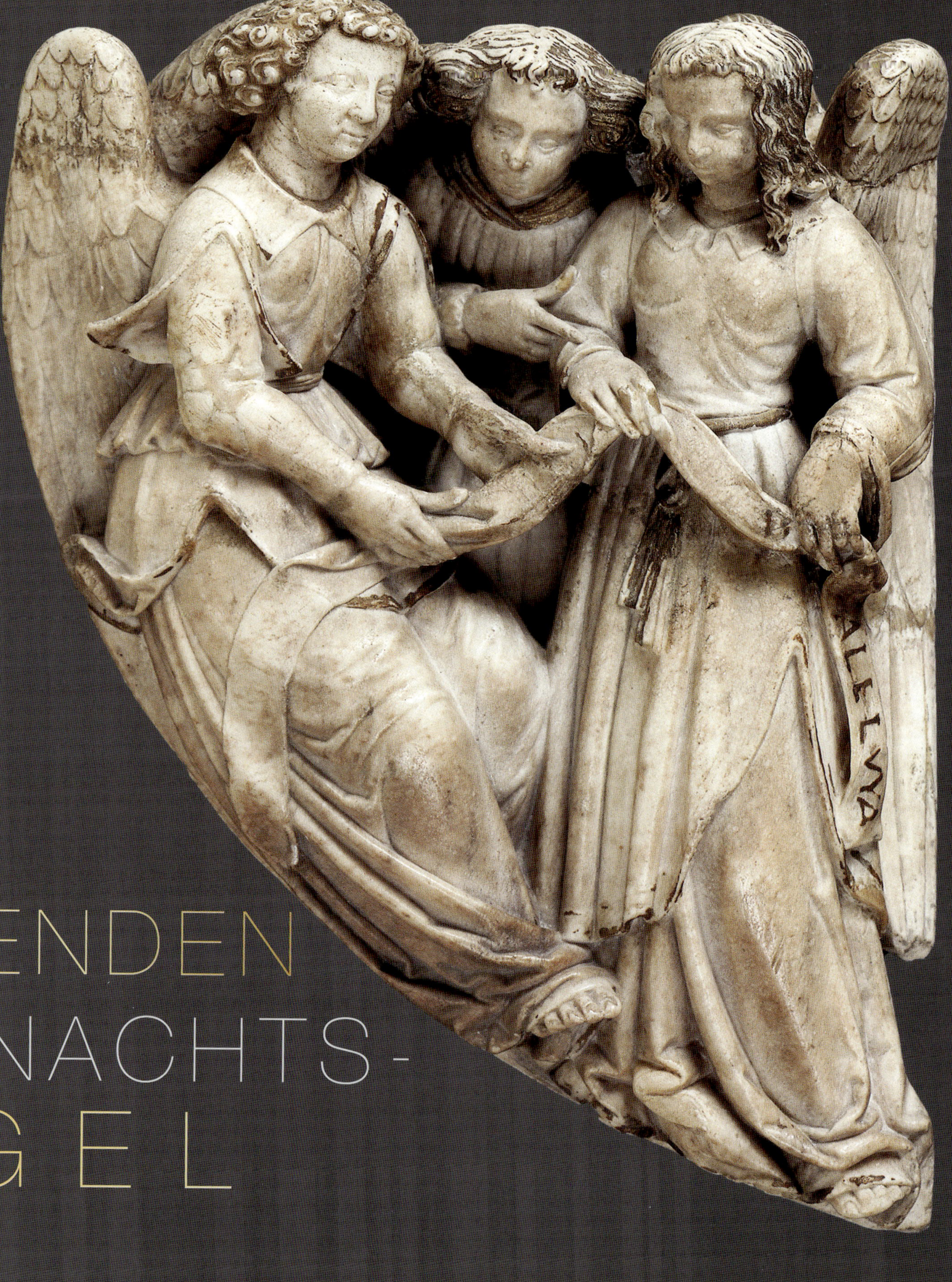

DIE
SINGENDEN
WEIHNACHTS-
ENGEL

Nach der Weihnachtsgeschichte im Lukasevangelium erscheint bei dem großen Verkündigungsengel auf einmal ein großes himmlisches Heer von Engeln. Sie loben Gott und singen das weihnachtliche Lied: »Verherrlicht ist Gott in der Höhe und auf Erden ist Friede bei den Menschen seiner Gnade« (Lukas 2,14).

Zu allen Zeiten haben Künstler diese singenden Engel dargestellt. Sie sind viel kleiner als der große Verkündigungsengel und in ihren kindlichen Gesichtern spiegeln sich Fröhlichkeit und Lebendigkeit. Ihre spielerische Anmutung verleiht den Weihnachtsbildern etwas Leichtes. Häufig singen sie vom gleichen Blatt oder wie auf unserem Bild vom gleichen Band.

Diese Engel wollen auch uns in Berührung bringen mit der Leichtigkeit des Seins. Sie wollen uns vermitteln: Nimm dich selbst nicht so wichtig. Trau deiner Seele. Lass dich von deiner Seele beflügeln. Sie trägt dich weg von den dich belastenden Problemen. Sie gibt dir mitten in all dem Bedrückenden das Gefühl von Freiheit, Weite und Leichtigkeit.

DER ENGEL DER AUFERSTEHUNG

Alle vier Evangelisten erzählen, dass am leeren Grab Jesu ein oder auch zwei Engel sind. Die Engel deuten den Frauen das, was sie vorfinden: das leere Grab. Es ist leer, weil Christus auferstanden ist. Bei Matthäus ist der Engel aber nicht nur ein Deutungsengel. Mitten in der Nacht kommt ein Engel des Herrn vom Himmel herab. Seine Gestalt leuchtet wie ein Blitz. Der Engel wälzt den Stein vom Grab weg und lässt sich darauf nieder (Matthäus 28,2-3).
Der Engel der Auferstehung will auch den Stein von uns wegwälzen, den Stein, der uns blockiert, der uns hemmt, auf andere zuzugehen. Der Auferstehungsengel will uns ermutigen, aufzustehen aus dem Grab unserer Resignation. Die Grabeswächter fallen wie tot zu Boden (Matthäus 28,4) und es verstummen die Stimmen, die fordern, alles solle beim Alten bleiben. Wir sind frei, aufzustehen ins Leben. All die Blockaden lösen sich auf. Wir haben teil an der Lebendigkeit des Auferstandenen.

DER ENGEL, DER AUS D

Lukas erzählt in der Apostelgeschichte die wunderbare Befreiung des Petrus aus dem Gefängnis. In der Nacht, als Petrus gefesselt zwischen zwei Soldaten schläft, tritt plötzlich ein Engel des Herrn ein und erfüllt den Raum mit seinem hellen Licht. Er stößt Petrus in die Seite und weckt ihn auf: »Schnell, steh auf!« (Apostelgeschichte 12,7). Da fallen die Fesseln von Petrus ab. Er steht auf und folgt dem Engel. Die Türen des Gefängnisses öffnen sich und auf einmal steht er im Freien.
Diese Erzählung will uns ermutigen: Auch wenn wir im Gefängnis unserer Angst stecken oder im Gefängnis unserer inneren Zwänge, ist die Situation nie hoffnungslos. Wir können darauf vertrauen, dass auch zu uns ein Engel kommt, der uns auffordert, aufzustehen und ihm zu folgen. Die Geschichte will uns die Augen öffnen, damit wir den Engel erkennen, wenn er zu uns kommt in einem Menschen, der uns versteht, in einem Wort, das uns aufrichtet, in einem Blick, der unsere Dunkelheit erhellt.

EM GEFÄNGNIS BEFREIT

DIE ENGEL, DIE HIMMEL UND ERDE VERBINDEN

Als Jakob vor seinem Bruder Esau flieht, legt er sich am Abend des ersten Fluchttages nieder, um zu schlafen. Da hat er einen Traum: »Er sah eine Treppe, die auf der Erde stand und bis zum Himmel reichte. Auf ihr stiegen Engel Gottes auf und nieder« (1. Mose 28,12). Die Engel öffnen über uns, die wir ähnlich wie Jakob oft auf der Flucht sind vor der eigenen Wahrheit, den Himmel.

Jesus bezieht diese Stelle auf sich selbst. Er verheißt den Jüngern: »Ihr werdet den Himmel geöffnet und die Engel Gottes auf- und niedersteigen sehen über dem Menschensohn« (Johannes 1,51). Jesus selbst ist der Ort, an dem sich der Himmel für uns öffnet. Jesus ist die Treppe, die uns mit dem Himmel verbindet. Auf dieser Treppe steigen die Engel auf und nieder und dort können wir ihnen begegnen.

Und in Jesus erfüllt sich auch die Verheißung, die Gott Jakob auf der Himmelsleiter gegeben hat: »Ich bin mit dir, ich behüte dich, wohin du auch gehst ... Ich verlasse dich nicht, bis ich vollbringe, was ich dir versprochen habe« (1. Mose 28,15).

DER ENGEL, DER UNS IN DER ANGST STÄRKT

Als Jesus am Ölberg mit dem Vater ringt, dass er ihm den bitteren Kelch des Leidens ersparen möge, da kommt ein Engel des Herrn vom Himmel herab und gibt ihm neue Kraft (Lukas 22,43). Der Engel erspart Jesus das Leiden nicht und er nimmt ihm auch nicht die Angst. Da betet Jesus in seiner Angst noch intensiver. Selbst in seiner Angst fühlt er sich vom Vater getragen. Lukas stellt uns Jesus als Vorbild des Betens vor Augen. So dürfen wir hoffen, dass wir in unserem Beten nicht allein gelassen sind. Ein Engel kommt und stärkt uns, wenn wir an der Gnade Gottes zweifeln, wenn wir voller Angst auf das schauen, was uns erwartet. Auch in der größten Angst sind wir nicht allein. Der Engel ist bei uns. Er steht uns bei, damit wir nicht fallen, sondern aufs Neue zu uns und unserem Leben stehen können.

DER ENGEL, DER VOR UNS HERGEHT

Am Schluss des Bundesbuches verheißt Gott dem Volk: »Ich werde einen Engel schicken, der dir vorausgeht. Er soll dich auf dem Weg schützen und dich an den Ort bringen, den ich bestimmt habe« (2. Mose 23,20). Und als Mose sich nach dem Tanz um das goldene Kalb bei Gott für die Sünde des Volkes entschuldigt, schickt Gott ihn zurück zum Volk mit dem Versprechen: »Jetzt geh, führe das Volk, wohin ich dir gesagt habe. Mein Engel wird vor dir hergehen« (2. Mose 32,34). Der Engel geht dem Mose voraus, damit er das Volk den rechten Weg führt. Der Engel geht aber auch dem Volk insgesamt voraus. Er zeigt den Menschen nicht nur den Weg, sondern er schützt sie auf ihrem Weg.

Das ist eine wunderbare Verheißung. Wir können uns vorstellen, dass der Engel nicht nur an unserer Seite ist und uns begleitet, nicht nur hinter uns steht, um uns den Rücken zu stärken. Es ist auch der Engel, der uns vorausgeht. Er hält alles, was uns schaden mag, von uns fern. Und er geht uns voraus und zeigt uns den Weg, der uns zum Leben führt.

WIR WERDEN WIE ENGEL SEIN

Als die Sadduzäer mit rationalistischen Fragen Jesus von der Unmöglichkeit der Auferstehung überzeugen wollen, antwortet Jesus, dass die Menschen, die an der Auferstehung teilhaben, nicht mehr heiraten. »Sie können auch nicht mehr sterben, weil sie den Engeln gleich und durch die Auferstehung zu Söhnen Gottes geworden sind« (Lukas 20,36).
In der Auferstehung werden wir also den Engeln gleich. Wir werden immer Gottes Antlitz schauen. Die frühen Mönche waren von diesen Worten Jesu so fasziniert, dass sie schon jetzt, in dieser Welt an der jenseitigen Welt teilhaben wollten. Sie träumten vom engelgleichen Leben schon in dieser Welt. Sie glaubten, wenn sie beständig im Gebet verharrten, dann hätten sie teil an der »vita angelica«. Die beständige Kontemplation ist jedoch nur dem möglich, der die Leidenschaften seines Leibes und seiner Seele überwunden hat. Dann spürt er manchmal etwas von der Durchlässigkeit und Klarheit der Engel an sich selbst.

In dem apokalyptischen Text der Offenbarung des Johannes, dem letzten Buch des Neuen Testamentes, ist sehr häufig von Engeln die Rede. Erwähnt werden die sieben Engel der Gemeinden. Jede Gemeinde hat also einen Engel, der über sie wacht. Ebenfalls sieben an der Zahl sind die Engel, die sieben Posaunen blasen und den bedrängten Christen das Ende der Welt und das kommende Heil verkünden.

Im Tod kommt für jeden Menschen die Welt zu ihrem Ende und es wird dann das Gute in uns vom Bösen geschieden. Schließlich erscheint der Engel, der den »Drachen, die alte Schlange – das ist der Teufel oder der Satan« (Offenbarung 20,2) überwindet. Nun werden ein neuer Himmel und eine neue Erde sichtbar. Das himmlische Jerusalem steigt auf die Erde herab. Das Heil, das in Christus geschehen ist, wird für alle erfahrbar.

Die Engel, wie sie in der Offenbarung des Johannes beschrieben werden, sind die Boten des Unheils und die Verkünder des Heils. Und sie kämpfen für die Glaubenden, auf dass die feindliche Welt ihnen nicht zu schaden vermag. Im Tod werden sie die Spreu vom Weizen in uns trennen, damit wir Bürger des himmlischen Jerusalem werden.

DIE *sieben* ENGEL DER OFFENBARUNG

DER ENGEL

DER STILLE

Die jüdische Tradition kennt die Vorstellung von einem persönlichen Engel, der das geheime Selbst des Menschen darstellt. Dieser Engel bringt uns in Berührung mit den Fähigkeiten unserer Seele.
Eine wichtige Fähigkeit ist die zur Stille. Der Engel der Stille möchte mit seinen Flügeln den Lärm von uns abhalten. Und er möchte uns in Berührung bringen mit dem inneren Raum der Stille, zu dem der Lärm der Welt keinen Zutritt hat. Der Engel der Stille schützt diesen inneren Raum. Dort, wo alle Gedanken und Emotionen in uns schweigen, wo es ganz still ist in uns, dort sind wir wahrhaft frei. Und dort sind wir ganz wir selbst. Dort lösen sich alle Bilder auf, die andere uns übergestülpt haben. Und auch unsere Selbstbilder der Entwertung oder der Überschätzung lösen sich auf. Wir werden ganz wir selbst, ohne dass wir uns rechtfertigen oder beweisen müssten.
Auf dem Bild sehen die beiden Engel der Stille in einen Brunnen. Wenn wir still werden, können wir in die eigene Tiefe schauen und auf dem Grund unserer Seele die Quelle des Heiligen Geistes erkennen, die in uns sprudelt.

DER ENGEL

DER RUHE

Viele Menschen sehnen sich nach Ruhe. Doch sobald es um sie herum ruhig wird, geraten manche in Panik. Sie haben Angst vor den negativen Gefühlen, die sich einstellen könnten. Sie befürchten, damit konfrontiert zu werden, dass sie an ihrer Wahrheit vorbei leben, dass ihr Leben nicht stimmig ist. Oder die Sorge um die Zukunft erfasst sie. All dem möchten Menschen entgehen. Doch dann wird ihre Sehnsucht nach Ruhe nie erfüllt.

Nur die Wahrheit kann uns frei machen, sagt Jesus im Johannesevangelium (Johannes 8,32). Nur wenn wir darauf vertrauen, dass wir von Gott mit all unserer Wahrheit angenommen und geliebt sind, kommen wir zur Ruhe.

Das Bild vom Engel der Heiterkeit zeigt uns, dass wir nur dann zur Ruhe kommen, wenn wir mit einem milden und heiteren Blick auf uns schauen. Sobald wir uns mit einem harten oder scharfen Blick verurteilen, werden wir keine Ruhe erlangen. Nur wenn der Engel uns lehrt, heiter und liebevoll, gütig und demütig auf das zu schauen, was in uns ist, finden wir Ruhe für unsere Seele, wie Jesus es uns verheißen hat (Matthäus 11,29).

DER ENGEL

DES SCHLAFS

Viele Menschen schlafen abends schlecht ein. Sie können die Gedanken nicht loslassen, die sie tagsüber beschäftigt haben. Ständig überlegen sie: Hätte ich mich doch anders entschieden! Wäre ich doch im Gespräch mit meinem Sohn, mit meiner Tochter freundlicher und achtsamer gewesen! Sie grübeln nach über das Vergangene und das raubt ihnen den Schlaf.

Wie gut tut es dann, den Engel des Schlafes zu bitten, zu kommen und all die grüblerischen Gedanken zu vertreiben. Wenn der Engel des Schlafes seine Flügel über uns ausbreitet, können wir uns unter seinen Flügeln geborgen fühlen. Der schlafende Engel zeigt uns, wie Entspannung, Ruhe und erholsamer Schlaf gelingen können. Der milde Blick des Engels, sein innerer Frieden, den er ausstrahlt, lässt auch uns in Frieden einschlafen.

Wenn wir uns schwer tun, Schlaf zu finden, können wir den Engel des Schlafes bitten, dass er unsere angestrengte Stirn zärtlich streichelt und uns von allen quälenden Sorgen befreit, die uns umtreiben.

DER ENGEL DER ZEIT

Viele Menschen klagen über Zeitmangel. Nie ist genug Zeit, um all die Arbeiten zu erledigen. Viele haben keine Zeit für Gespräche, keine Zeit für sich selbst, um zu lesen oder auszuruhen.
Die Griechen kennen zwei Worte für die Zeit. Chronos bezeichnet die Zeit, die uns auffrisst. Kairos ist die angenehme Zeit. Wir sind einfach nur im Augenblick, ohne uns unter Druck zu setzen.
Wenn wir uns gerade unter Zeitdruck fühlen, können wir den Engel der Zeit bitten, über unsere Zeit zu wachen. Er möge uns befreien von dem Druck, unter den wir uns oft selbst setzen. Er möge uns befähigen, einfach nur im Augenblick zu sein und uns dem zuzuwenden, was jetzt gerade an der Reihe ist. Dann wird die Zeit für uns zu einer angenehmen Zeit. Wir lassen uns auf diesen Augenblick ein und auf das, was in diesem Augenblick von uns gefordert wird. Was in der nächsten Stunde geschieht, betrifft uns jetzt noch nicht. Der Engel der Zeit wird dafür sorgen, dass wir uns auch in der nächsten Stunde ganz auf das einlassen, was dann von uns erwartet wird.

DER ENGEL DER

Abraham nimmt die drei Männer, die ihn besuchen, als Gäste freundlich auf. Sie erweisen sich als Engel,die ihm und seiner Frau Sara einen Sohn verheißen (1. Mose 18,1-14). Abraham bewirtet sie und sie beschenken ihn. Freundschaft ist immer wechselseitig.

Freunde beschenken sich gegenseitig. Genauso wie wir uns nach Liebe sehnen, sehnen wir uns auch nach Freundschaft.

Augustinus hat das Lob der Freundschaft gesungen: »Sine amico nihil amicum.« »Ohne Freund ist nichts freundlich.« Der Freund gibt unserem Leben einen neuen Glanz. Wir fühlen uns nie allein. Wir dürfen sein, wie wir sind. Da die Freundschaft ein so wertvolles Geschenk ist, dürfen wir den Engel der Freundschaft bitten, über unsere Freundschaft zu wachen. Er möge uns begleiten auf unseren gemeinsamen Wegen und seine schützenden Flügel über unsere Freundschaft breiten, damit wir uns lange daran erfreuen dürfen.

FREUNDSCHAFT

DER ENGEL DER DANKBARKEIT

Der Engel auf dem Bild hält seine Hände in einer Gebärde des Dankes offen vor sich hin. So wie der Engel sollten auch wir unsere Hände öffnen und Gott für alles danken, was er in unsere Hände hineingelegt hat. Es bringt uns nur von uns selbst ab, wenn wir das, was Gott in unsere Hände gelegt hat, mit dem vergleichen, was andere empfangen haben. Jedem von uns hat Gott etwas in die Hand gelegt, dem einen Kraft, dem andern Kreativität, einer anderen Zärtlichkeit, die Gabe, zu behüten, Geborgenheit zu schenken und aufzurichten. Wenn wir dankbar auf das schauen, was Gott uns in die Hand gelegt hat, dann geht von uns der Friede aus, den der Engel ausstrahlt. Die Dankbarkeit erfüllt uns mit einem Gefühl von Freude.

Albert Schweitzer hat einmal gesagt: Wenn es einem Menschen nicht so gut geht, soll er etwas suchen, wofür er dankbar sein kann. Und es gibt immer etwas, wofür wir danken können: für einen freundlichen Blick oder für ein gutes Gespräch. Und wenn wir nichts finden, können wir den Engel der Dankbarkeit bitten, uns die Augen zu öffnen. Dann kann Dankbarkeit in uns entstehen und mit der Dankbarkeit das innere Glück.

ENGEL DES

L I C H T S

Der Engel der Anbetung auf dem Bild von Fra Angelico ist von Licht durchflutet. Er schaut auf das unbeschreibliche Licht Gottes. Von diesem Licht ist er selbst erfüllt.
Wenn wir ein solches Bild betrachten, dann wird es auch in unserem Inneren hell. Der Engel des Lichts will das göttliche Licht in alle Bereiche unseres Leibes und unserer Seele scheinen lassen, gerade auch in die dunklen Bereiche, die wir vor uns selbst und vor den Menschen am liebsten verbergen möchten. Manche Kammern unserer Seele haben wir vor uns, vor den Menschen und vor Gott verschlossen. Wir haben alles Unangenehme und Verdrängte in diese Kammern eingesperrt. Doch in uns abgespaltene Bereiche tun uns nicht gut.
Der Engel des Lichts möchte alles in uns erleuchten. Dann brauchen wir vor nichts mehr in uns Angst zu haben. Alles, was wir aufdecken, so heißt es im Epheserbrief, wird vom Licht erleuchtet und wird selbst Licht (Epheser 5,13-14).

ENGEL
DER VERSÖHNUNG

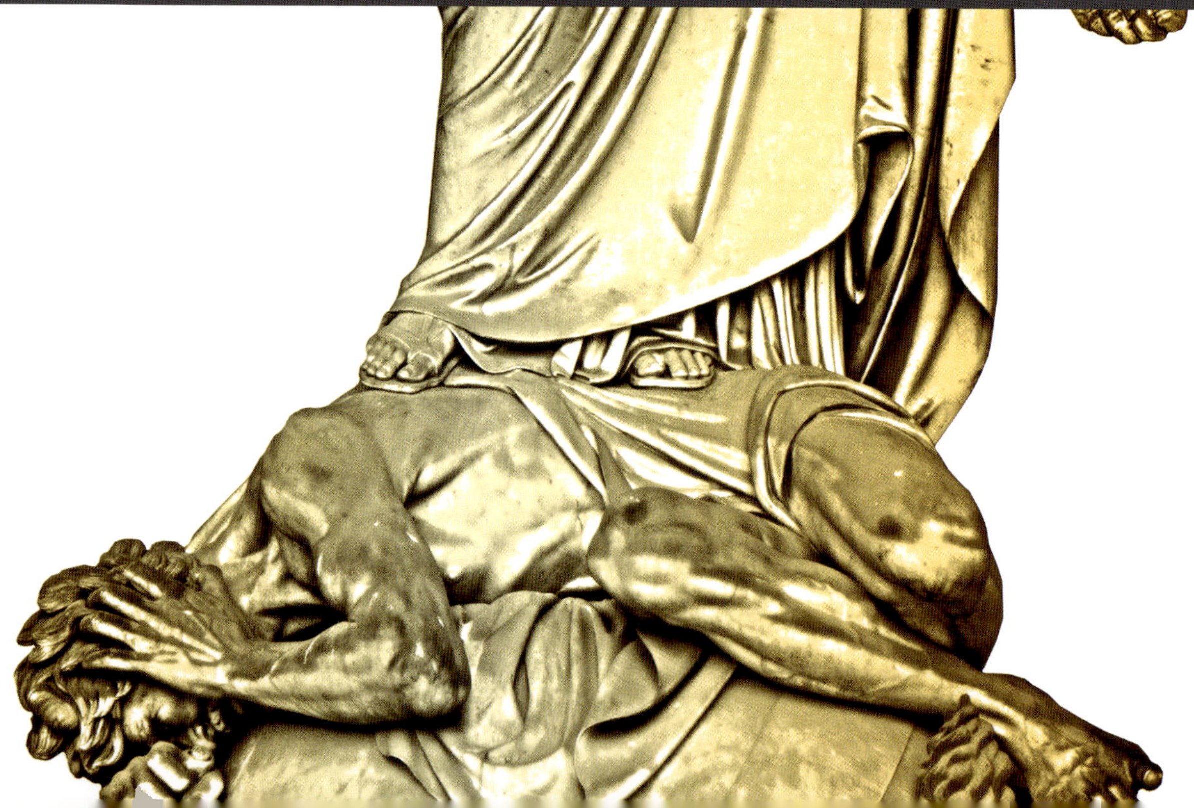

Viele Menschen leiden darunter, dass sie mit ihren Geschwistern oder Eltern zerstritten sind. Alle Versuche der Versöhnung sind fehlgeschlagen. Der Bruder oder die Schwester oder ein Elternteil bleibt einfach stur. Kein versöhnendes Gespräch ist möglich.
Durch den Engel der Versöhnung kann etwas in Bewegung kommen, verhärtete Fronten können aufbrechen. Wir können den Engel der Versöhnung bitten, er möge den verhärteten Bruder, die sture Schwester oder die uneinsichtigen Eltern begleiten und ihr Herz mit Liebe und Frieden erfüllen. Dann wird vielleicht Versöhnung wieder möglich. Der Engel der Versöhnung gibt uns Hoffnung, dass verfeindete Menschen wieder aufeinander zugehen und bereit sind, sich miteinander zu versöhnen.

ENGEL DER GEDULD

In vielen Briefen und E-Mails, die ich bekomme, lese ich die Klage über andere Menschen. Da klagt jemand, dass der Ehepartner nichts dazu lernt und immer wieder in die gleichen Fehler fällt. Viele Menschen sind auch ungeduldig mit sich selbst. So viel haben sie schon gelesen und versucht. Doch es ändert sich nichts in ihrem Leben. Sie wissen, wie sie ihr Leben leben könnten, aber es gelingt ihnen nicht, so zu leben, wie sie es gerne möchten.
Den Schreibern solcher Briefe wünsche ich den Engel der Geduld. Der Engel der Geduld lässt uns behutsam mit uns selbst umgehen. Denn solange wir gegen uns selbst wüten, wird sich nichts wandeln. Nur wenn wir uns geduldig ertragen, dürfen wir hoffen, dass die Fehler, unter denen wir leiden, sich allmählich wandeln in Achtsamkeit und Demut. Der Engel der Geduld kann uns helfen, geduldiger auf unseren eigenen Entwicklungsweg zu schauen.

Eine Tochter hat sich von der Mutter losgesagt. Sie verweigert jeden Kontakt und entzieht ihr die Enkelkinder. Die Oma darf sie nicht mehr sehen. Das tut unendlich weh. Das eigene Kind hat den Kontakt abgebrochen und die Eltern leiden darunter. Und jedes Drängen zu einer offenen Aussprache vertieft nur noch die Trennung.
Oft fragen mich Eltern, was sie in einer solchen Situation tun können. Ich wünsche ihnen dann immer den Engel der Hoffnung, der niemals aufgibt. Wir hoffen auf das, was wir nicht sehen, sagt der Apostel Paulus (Römer 8,25). Noch sind keine Anzeichen von Versöhnung oder von der Bereitschaft zu einem losen Kontakt zu erkennen, alle Annäherungen werden abgelehnt. Nur der Engel der Hoffnung kann dann helfen, die Hoffnung nicht aufzugeben, sondern darauf zu vertrauen, dass das, was im Moment nicht zu sehen ist – die Liebe zu den Eltern, die guten Erfahrungen, die die Kinder mit den Eltern gemacht haben –, irgendwann doch stärker wird und die Blockaden sich endlich lösen.

DER ENGEL

DER HOFFNUNG

D E R E N G E L, D E R

ZU MIR STEHT

Eine alleinerziehende Mutter fragte mich einmal besorgt, ob ihre fünfjährige Tochter krank sei. Wenn sie beide vom Einkaufen heimkommen, so berichtet die Frau, sage ihre Tochter oft: »Schließ doch die Türe nicht so schnell zu. Mein Engel muss noch hereinkommen.« Und beim Essen möchte sie, dass der Stuhl neben ihr frei bleibt für ihren Engel.

Die Tochter ist nicht krank. Sie hat ein gutes Gespür für das, was sie braucht. Im Haus allein mit ihrer Mutter sehnt sie sich nach einem Engel, der zu ihr steht, der sie manchmal schützt vor den Launen ihrer Mutter, die oft genug überfordert ist, im Beruf zu bestehen und zugleich allein für ihre Tochter sorgen zu müssen. Die Gewissheit, dass sie nicht allein ist, sondern dass ihr Engel für sie eintritt, empfindet die Tochter als heilsam. So kann sie gut mit ihrer Mutter leben und ist ihren Stimmungen nicht hilflos ausgesetzt. Der Engel tritt für sie ein. Das gibt ihr Selbstvertrauen und die Hoffnung, dass ihr Leben gelingen wird.

DU BIST EIN

Oft sagen wir zu einem andern Menschen: Du bist ein Engel. So erleben wir beispielsweise einen Menschen, der uns im richtigen Augenblick anruft, um uns in unserer gedrückten Stimmung zu ermutigen, als einen Engel, den Gott uns geschickt hat.

Wir sagen zu einem Menschen, der uns versteht, der uns tröstende Worte sagt, die uns aufrichten: Du bist ein Engel. Wir spüren: Es ist kein Zufall, dass dieser Mensch gerade jetzt unseren Weg kreuzt und uns anspricht. Wir spüren, dass Gott selbst uns diesen Menschen als Engel geschickt hat. Gott hat an uns gedacht. Deshalb hat er diesen Menschen zum Engel für uns gemacht. Er hat diesem Menschen den Impuls gegeben, auf uns zuzugehen und uns anzusprechen.

Vielleicht empfinden wir auch dies: Die neue Sekretärin ist ein Engel. Sie bringt eine angenehme Atmosphäre in die Firma. Sie hat ein Gespür für die Menschen. Wir ahnen, dass dieser Mensch an diesem Platz etwas ganz Besonderes ist.

Wir sollten dankbar auf die vielen Engel schauen, die Gott uns täglich schickt. Wir sind nicht ohne Engel. Wir brauchen nur Augen des Glaubens, um die Engel zu entdecken, die uns mitten im Alltag immer wieder begegnen, die das Dunkel um uns herum aufhellen und uns mit Hoffnung und Zuversicht erfüllen.

E N G E L

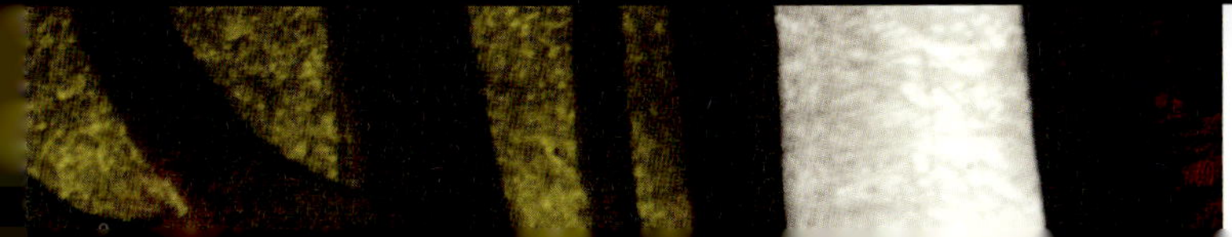

MIT ENGE

LN LEBEN

Dieses Buch regt an zu meditativer Betrachtung der vielen Engel, die uns in Bildern anlächeln, die uns in den Kirchen als Kinderengel Leichtigkeit vermitteln, die mit uns singen, wenn wir Liturgie feiern, und die uns in den Menschen begegnen, die Gott uns im rechten Augenblick schickt.

Wir sind also von Engeln umgeben. Es ist gut, wenn wir uns bewusst machen: Wir gehen den Weg nicht allein. Engel Gottes begleiten uns. Wir müssen unsere Probleme nicht alleine bewältigen. Gottes Engel stützen uns. Wir müssen uns nicht ständig vornehmen, die Haltungen von Vertrauen, Hoffnung, Gelassenheit und Zuversicht zu verwirklichen. Engel bringen uns in Berührung mit unseren inneren Haltungen, die uns mitten in den Turbulenzen unseres Lebens Halt geben.

Der Engel der Gelassenheit führt uns in die Gelassenheit, die wir brauchen, um auf eine Kritik gelassen reagieren zu können. Der Engel der Zuversicht schenkt uns das Vertrauen, dass unser Leben gelingen wird. So laden uns die Engel, die uns die Kunst vor Augen stellt, ein, die vielen Engel zu erkennen, die uns täglich begleiten und die uns hineinführen in das Leben, das dem Entwurf entspricht, den Gott sich von unserem je persönlichen Leben gemacht hat.

Bildnachweis

Cover: Mauritius Images/imageBROKER/Karl F. Schöfmann; S. 4/5: Alfons Vornberger/123RF.com; S. 7: Mauritius Images/ACTIVE MUSEUM/Alamy; S. 9: Mauritius Images/imageBROKER/Dr. Wilfried Bahnmüller; S. 10/11: Dvitaliy/Shutterstock.com; S. 12/13: novica zecevic/Shutterstock.com; S. 14/15: Naypong Studio/Shutterstock.com; S. 17: Mauritius Images/June green/Alamy; S. 19: Mauritius Images/SuperStock; S. 20/21: Mauritius Images/SuperStock/Peter Barritt; S. 22/23: Tiara A/Shutterstock.com; S. 24/25: A. Laengauer/Shutterstock.com; S. 26/27: Mauritius Images/Steve Vidler; S. 28: Kireeva Veronika/Shutterstock.com; S. 30/31: Mauritius Images/RODRUN/Knöll; S. 33: Mauritius Images/Joern Sackermann/Alamy; S. 34/35: Mauritius Images/robertharding/Godong; S. 36/37: Mauritius Images/SuperStock/Peter Willi; S. 38/39: Mauritius Images/imageBROKER/Jörg Dauerer; S. 40/41: Mauritius Images/Norbert Fischer; S. 43: Mauritius Images/Westend61/Rainer Dittrich; S. 44/45: Mauritius Images/Alamy RF/RooM the Agency; S. 46: Mauritius Images/SuperStock/David David Gallery; S. 48/49: Mauritius Images/Godong/Alamy; S. 50/51: Mauritius Images/SuperStock; S. 53: Mauritius Images/United Archives; S. 54/55: Mauritius Images/SuperStock; S. 56/57: Mauritius Images/Pictures Now/Alamy; S. 59: Mauritius Images/United Archives; S. 60/61: Mauritius Images/Photo 12/Alamy; S. 62/63: Mauritius Images/Azoor Photo/Alamy; S. 64: Mauritius Images/SuperStock; S. 66/67: Mauritius Images/CBstock/Alamy; S. 68/69: Mauritius Image/age fotostock/Tolo Balaguer; S. 71: Mauritius Images/Peter J. Hatcher/Alamy; S. 72/73: Mauritius Images/SuperStock/Cummer Museum of Art & Gardens; S. 75: Mauritius Images/Historic Collection/Alamy; S. 76: Mauritius Images/Bildarchiv Monheim GmbH/Alamy; S. 79: Mauritius Images/SuperStock/Peter Willi; S. 80/81: Mauritius Images/SuperStock/Fine Art Images; S. 82/83: Mauritius Images/Memento; S. 84/85: Mauritius Images/Azoor Travel Photo/Alamy; S. 86: Mauritius Images/SuperStock; S. 88/89: Mauritius Images/buchcover.com/Tobias Ott; S. 90/91: Mauritius Images/Photononstop/Bruno Barbier; S. 92/93: Mauritius Images/JOHN KELLERMAN/Alamy; S. 94/95: Mauritius Images/imageBROKER/Oliver Gerhard; S. 97: Mauritius Images/Kevin Foy/Alamy; S. 98/99: Mauritius Images/Azoor Photo/Alamy; S. 101: Mauritius Images/Mira/Alamy; S. 103: Mauritius Images/Daniella Andreadaki/Alamy; S. 105: Mauritius Images/SuperStock/Peter Willi; S. 106/107: Mauritius Images/Mim Friday/Alamy; S. 108/109: Mauritius Images/Memento; S. 110/111: Mauritius Images/Zoonar GmbH/Alamy; S. 112/113: Mauritius Images/SuperStock/Stock Montage; S. 114/115: Mauritius Images/Andrew Cowin/Alamy; S. 116/117: Mauritius Images/imageBROKER/Karl F. Schöfmann; S. 118 (in Leserichtung): Mauritius Images/ACTIVE MUSEUM/Alamy; Mauritius Images/Pictures Now/Alamy; Mauritius Images/robertharding/Godong; Mauritius Images/Andrew Cowin/Alamy; Mauritius Images/SuperStock; Mauritius Images/SuperStock; Mauritius Images/Andrew Cowin/Alamy; Mauritius Images/Daniella Andreadaki/Alamy; Mauritius Images/SuperStock/Peter Willi; Mauritius Images/Mira/Alamy; S. 119: Mauritius Images/Memento

www.herder.de

Gesamtgestaltung und Satz: ZERO Werbeagentur, München

Herstellung: Graspo CZ, Zlín
Gedruckt auf umweltfreundlichem, chlorfrei gebleichtem Papier
Printed in the Czech Republic
ISBN 978-3-451-38280-2

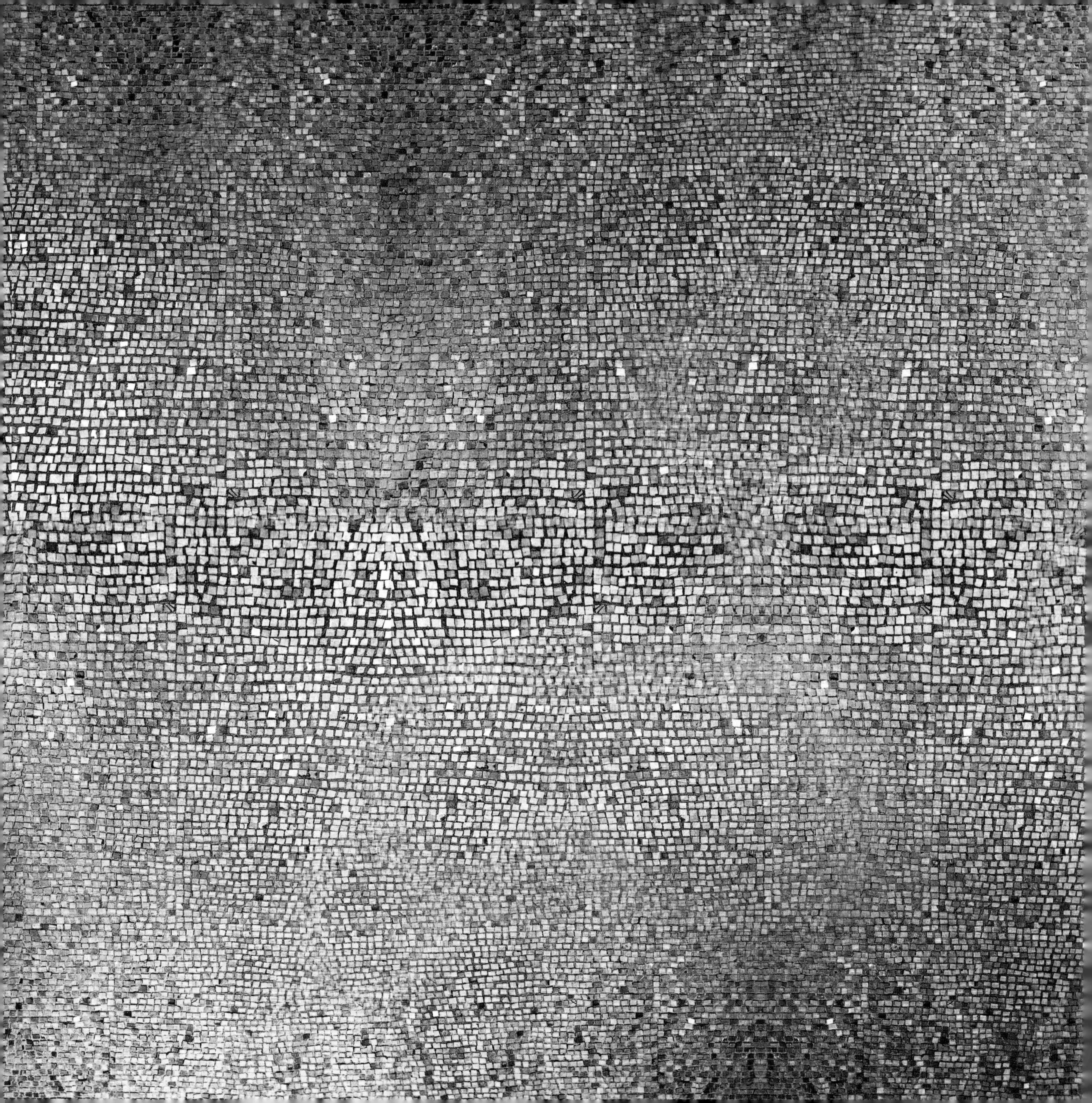